ライフブック
― 子どもたちの笑顔が、私たちの活力源です ―

編　公益財団法人ライフスポーツ財団

大学教育出版

ごあいさつ

　公益財団法人ライフスポーツ財団（以下、財団）は、私の祖母である清水久良子の意志を受け、主に父 清水博の所有していた株式会社ライフコーポレーションの株式を基本財産として、1983年に設立しました。設立以来、地域における子どもと親子のスポーツ活動の普及・推進に努めてまいりました。当時、日本のスポーツは学校の体育・クラブ活動を中心に行われてきており、特に未就学児などの幼児期のスポーツについてはあまり注目されていませんでした。当財団では幼少児や子どもたちが身近に、積極的にからだを動かせるようにと、誰でも参加できるスポーツ活動の支援に取り組んでいます。具体的には、野球やサッカー等といった単一競技種目でなく、ウォーキング、親子体操、グラウンド・ゴルフといった経験がなくてもすぐに始められるスポーツを継続的に行うといった活動を実施しています。当財団の助成金交付を受け、20年以上実施している団体もあり、地域ではなくてはならないスポーツイベントとして定着しています。

　親子体操については、2001年より「ライフキッズスポーツクラブ」として活動をスタートしました。幼少児の子どもだけで行うのではなく、親子で行うことにより親子のふれあいを大切にすることを特徴としています。いわゆる、体操や運動といった一定のルールの中ではなく、「あそび」という自由で解放された中から、自然にからだが動くようにプログラムしています。また、その中で、親子のふれあいや、友だちとの協調性、思いやりなどを学んでいきます。

　指導については実践経験をもとに、子どもが飽きずに楽しみながら運動できるよう、財団の専任インストラクターと研究・開発しています。また「キッズスポーツインストラクターセミナー」として指導者を育成し、その指導者が「ライフキッズスポーツクラブ」として親子体操を実践する事業に支援を行っています。

　今回の「ライフブック」は、財団が今まで「ライフキッズスポーツクラブ」で行ってきたプログラムを分かりやすくまとめたものです。実際に親子体操に携わる指導者の方が、参考にして実践できるようになっています。財団の「ライフキッズスポーツクラブ」のコンセプトは、「**親子**」・「**運動あそび**」・「**自主性**」です。みなさんもこのような考え方で親子体操を実践していただけると大変うれしく思います。

　最後になりましたが、この本をまとめるにあたりご協力いただきました方々に感謝申し上げます。

公益財団法人ライフスポーツ財団

理事長　清水　進

はじめに

　当初この「ライフブック」は、ライフスポーツ財団（以下、財団）が、2001年より取り組んできた財団推進事業の中の1つの事業として実施している「ライフキッズスポーツクラブ」（親子体操）の活動プログラムを1冊の本としてまとめ、財団関係者をはじめとする指導者の方々に気軽に活用いただけることを目的として、作成する運びとなりました。

　作成していくにあたり、本書を通して財団の活動紹介や財団事業の活用などについてもご紹介し、指導者や団体運営者等の方々に、財団が目指す地域貢献の一端を担う仲間として活躍をして頂きたいという思いから、「ライフキッズスポーツクラブ」を含む財団事業全般について、本書にてご紹介することと致しました。

　また、実技のプログラムメニューについては、プレゴールデンエイジと呼ばれる幼児期（3歳～6歳）の子どもとその親を対象とした運動プログラムであり、身近なものを中心に活用し、手軽に運動できる内容となっています。幼児期を対象として構成されていますが、少し負荷やアレンジを加えることで、小学生でも活用できる内容となっております。

　本プログラムは、導入から展開、整理までの内容となっており、それぞれにバリエーションを加えたプログラムにすることで、60分間の活動内容とすることができます。このライフブックは、「困ったときの指導お助け本」として活用していただけます。

　また、全10回のプログラムの後半は、前・中半のプログラムの集大成として、運動会やサーキットあそびとして、たくさんの運動要素やチームプレー等を組み込んだ、60分のプログラムとなっております。運動会やサーキットと聞くと、通常競うことやトレーニングのイメージがありますが、すべて子どもができるあそびから選んだ運動の組み合わせにしています。子どもたちが楽しく、自主的に取り組めることを最優先に作成され、幼児期に体験してもらいたい運動体力を組み合わせています。

　皆様の活動に、ぜひライフブックをご活用ください。

公益財団法人ライフスポーツ財団
常務理事　河原　慶子

ライフブック
―― 子どもたちの笑顔が、私たちの活力源です ――

目　次

ごあいさつ ·· i

はじめに ·· ii

第Ⅰ部　ライフスポーツ財団の紹介

公益財団法人ライフスポーツ財団　概要 ·· 2
　　創立者　2
　　設立の経緯　2
　　財団概要　3
　　基本理念　3
　　事業概要　4
　　助成事業数の推移　4
　　スポーツ助成事業参加者と助成金総額の推移　5
　　ライフこども囲碁クラブ数の推移　5
　　沿　革　6

活動紹介 ·· 8
　　助成事業　8
　　研究活動　11
　　スポーツフォーラム　13
　　指導者養成事業　15
　　ライフキッズスポーツクラブと指導者養成の連携事業展開　16

第Ⅱ部　親子ふれあい体操プログラム（理論と実践）

理　論 ··· 20
  「財団が推奨する親子や子どもに関する理論的根拠」　20

実　践 ··· 33
  財団が提供するライフキッズスポーツクラブのプログラムの内容　33
  指導案　35
  組織的な指導体制　35
  運動あそびプログラムの紹介　36
   〈親子ふれあい体操〉　36
   〈ボールあそび〉　40
   〈フープあそび〉　44
   〈縄あそび〉　48
   〈布あそび〉　53
   〈タオルあそび〉　57
   〈新聞紙あそび〉　61
   〈パラシュートあそび〉　66
   〈サーキットあそび〉　70
   〈運動会〉　72
  遊具・用具一覧　75

編集後記 ··· 79

執筆者紹介 ··· 80

第Ⅰ部
ライフスポーツ財団の紹介

公益財団法人ライフスポーツ財団　概要

創立者

清水　三夫氏
㈱ライフフーズ相談役

故　清水　久良子氏

故　清水　博氏

設立の経緯

　理事長の祖母である故清水久良子は、幼少期祖母と伯母に育てられ、両親とのふれあいが少なく、さびしい思いをした自身の経験から、「幼少児の健全な心身の育成に役立ちたい」という強い想いを持っていました。

　この想いが発端となり、息子の三夫、博が賛同し、㈱ライフストア（現　㈱ライフコーポレーション）の株式および出資金を基本財産とする財団法人の設立に至りました。

　1983年、文部省（現　文部科学省）の認可を受け、「財団法人ライフスポーツ振興財団」（現　公益財団法人ライフスポーツ財団）が設立されました。

　残念ながら、財団設立前に博は他界しましたが、博の長男である進が理事長となり亡き祖母たちの想いを引き継ぐことになりました。

財団概要

・所在地　〒530-0001　大阪府大阪市北区梅田3丁目2番2号JPタワー大阪13階
・財団設立　1983年（昭和58）年9月20日
・公益法人認定　2012年（平成24）年4月
・活動資金　株式　㈱ライフコーポレーション　323万株・㈱ライフフーズ　60万株

基本理念

事業概要

【助成事業】
・一般公募事業助成
・財団推進事業助成　　ライフ・チャレンジ・ザ・ウォーク
　　　　　　　　　　　ライフ親子グラウンド・ゴルフ大会
　　　　　　　　　　　ライフキッズスポーツクラブ
　　　　　　　　　　　ライフこども囲碁クラブ

【自主事業】
・キッズスポーツインストラクターセミナー
・インストラクターゼミ
・本部ライフキッズスポーツクラブ

助成事業数の推移

年度別推移

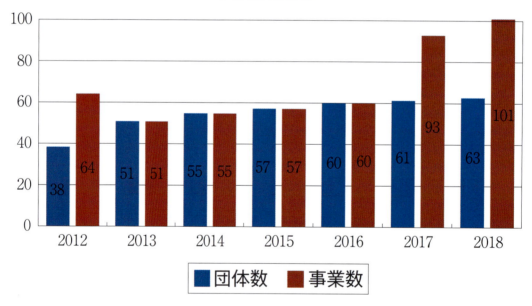

スポーツ助成事業参加者と助成金総額の推移

年度別推移

ライフこども囲碁クラブ数の推移

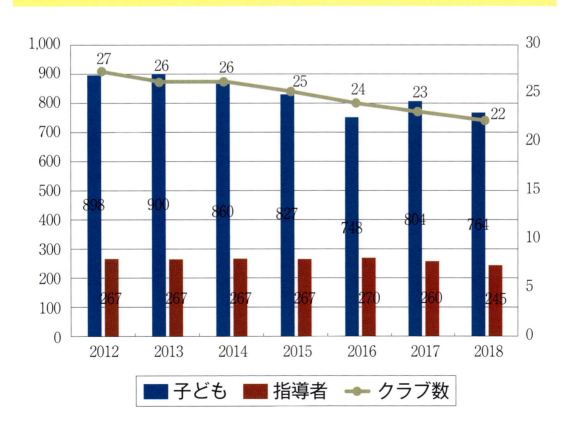

沿　革

	西暦（年号）	財団の主な事項	事業の推移
誕生期	1983（昭和58）	「財団法人ライフスポーツ振興財団」設立 ・文部省許可 ・清水進、理事長に就任 ・事務局を「大阪市淀川区西三国1-7-44」に置く	
	1985（昭和60）	自主事業・協賛事業を開始	・ちびっこサッカー教室開催（大阪万博公園）
	1986（昭和61）		・親子マラソン大会開催（大阪城公園） ・ちびっこサッカー教室開催（大阪万博公園・東京明治神宮外苑）
	1987（昭和62）		・大阪城ファミリー駅伝開催 ・わんぱく相撲大会協賛（東京国技館） ・チビッコサッカー教室開催（大阪万博公園・埼玉川口市総合競技場）
	1988（昭和63）		・小学生サッカー近畿大会開催（大阪長居競技場） ・わんぱく相撲大会協賛（東京国技館） ・チビッコサッカー教室開催（大阪万博公園・埼玉川口市総合競技場）
	1989（平成元）		・わんぱく相撲大会協賛（東京国技館） ・チビッコサッカー教室開催（東京高島平少年サッカー場・大阪靭公園）
	1990（平成2）	事務所を「大阪市中央区瓦町4-1-2」に移転	・チビッコサッカー教室開催（大阪万博公園・東京国立西丘球技場）
活動期	1991（平成3）	・欧州視察	
	1993（平成5）	財団設立10周年 ・事務局の拡充 ・地域スポーツ団体との協力関係の構築と助成 ・総合型地域スポーツクラブにおける財団の役割を模索	・主催事業ライフ・チャレンジ・ザ・ウォーク開催
	1999（平成11）	・豪州・ニュージーランド視察	
	2000（平成12）	事務所を「吹田市江坂町1-23-38」に移転	
	2001（平成13）		・主催事業ライフキッズスポーツクラブ開催
	2002（平成14）		・主催事業ライフ・キッズスポーツ指導者研修会（現、キッズスポーツインストラクターセミナー）開催

	年		
発展期Ⅰ	2003（平成15）	財団設立20周年	・財団設立20周年記念式典、記念事業「ライフ・チャレンジ・ザ・ウォークフェスティバル」開催
	2004（平成16）	幼少児健全育成事業「囲碁」活動認可（文部科学省）	「ライフキッズスポーツクラブフランチャイズ」助成開始
	2005（平成17）	オランダ・フィンランド視察	「財団公認キッズスポーツインストラクター養成セミナー」開催 「ライフこども囲碁クラブ」設立・助成開始
	2006（平成18）		日体協ジュニアスポーツ指導員　免除適応承認（2010年まで）
	2007（平成19）	・囲碁事業部指導者組織が独立し、NPO法人ライフこども囲碁クラブ設立 ・モンゴル視察 ・アメリカ「US GO Congress」視察	「ライフ親子グラウンド・ゴルフ大会」開催
	2008（平成20）	・国際事業　ハワイ大学とのグラウンド・ゴルフ事業での交流開始	
	2010（平成22）	「西宮市柏堂町7-1」に事務所を移転	ライフ親子囲碁交流大会開催
	2011（平成23）	NPOライフ子ども囲碁クラブ設立5周年	日本幼児体育学会　幼児体育指導員と資格互換（2013年まで）
	2012（平成24）	「公益財団法人ライフスポーツ財団」認可（内閣府）	近畿圏から全国に向けて助成団体拡大
発展期Ⅱ	2013（平成25）	財団設立30周年	一般助成事業30団体45事業
	2014（平成26）	「吹田市江坂町1-23-43」に事務所移転	「セミナー」東京・長野・大阪の3会場実施スタート ライフ国際こども囲碁交流会開催（ドイツ・中国・韓国参加）
	2015（平成27）	大阪体育大学と連携協定締結	一般助成事業52団体78事業
	2016（平成28）	NPO設立10周年	
	2017（平成29）	ドイツ視察	
	2018（平成30）	ドイツ交流事業実施	一般助成事業63団体101事業

活動紹介

助成事業

　財団設立以来、助成事業を柱とした財団事業を進めていますが、現在は「一般公募助成事業」と「財団推進助成事業」の2つに区分して活動を行っております。

1. 一般公募助成事業

　総合型地域スポーツクラブや地域で活動する団体で実施されている「子どもと親子のスポーツ活動」や「地域の子どもスポーツ活動」（大会・教室等）を対象に助成金を交付しています。競技種目への助成は行わず、公益性があり地域に根ざす活動として取り組まれており、かつ誰でも参加できる事業が対象となります。単発事業及び複数回事業と参加人数により、助成金額が定められています。

2. 財団推進助成事業

　財団が推奨する事業として、スポーツ事業で3事業、囲碁事業で1事業の助成を行っています。これらは、財団が事業の内容をプロデュースし、助成団体が運営実施を行い、事業名の最初に「ライフ」という名前を付け、財団が事業費の100％を助成する事業です。推進助成事業においては、財団は共催となります。この「ライフ事業」には、以下の4事業があります。

①ライフ・チャレンジ・ザ・ウォーク

　1991年に財団が欧州視察に行った際、イギリスにおいて「Sports For All」として国民

が広くスポーツに親しむという活動を参考に、誰でも気軽に参加できるスポーツとして、1996年から始めたウォーキング事業です。キーワードは、「**ファミリー**」「**ゲーム性**」「**地域再発見**」です。

　幼少児を含む親子やファミリーが、クイズやゲームを行いながら、楽しくゆったり歩くことができるウォーキング事業です。年1回の開催としていますが、毎年継続して実施する事を活動形態とし、参加人数は200〜600名の規模となっています。

　コースは、7km以内で、地域の公園や地元の名所・旧跡などを周り、地元地域を再発見します。参加者が、改めて地域で新しい発見をしたり、近所で知り合いができたりと、地域に根付いたスポーツイベントになっています。中には20年以上継続して実施している団体もあります。

②ライフキッズスポーツクラブ（親子体操）

　子どものスポーツ活動において、幼児期の運動が発育発達に大きな影響を及ぼすことに着目し、幼少児とその親を対象とする親子体操教室を2001年より財団自主事業として活動をスタートしました。キーワードは、「**親子**」「**運動あそび**」「**自主性**」です。

　子どもの発達段階に合わせた運動あそびのプログラムで、バランス・調整力・創造性などの発達を促し、子どもの自主性を育み、楽しく活動できる内容となっています。中には、お父さんも参加され、親子で運動あそびに親しむよい機会となっています。

　対象年齢は、原則、3歳から小学3年生の子どもとその親で、実施回数は、1期3回以上とし、複数回数の実施とします。

活動時に掲げる横断幕

③ライフ親子グラウンド・ゴルフ大会

　グラウンド・ゴルフは、「いつでも」「どこでも」「だれでも」できるスポーツとして、財団名誉顧問である細川磐が中心となって普及されたニュースポーツです。主に、大人が中心となって行われてきましたが、2007年より親子や三世代が楽しめるように、財団がプレー方法を工夫し助成事業を行っています。親子で1つのボールを交互に打つプレースタイルで、合計点を競います。お父さんの参加も多く、お子さんのことは忘れて、夢中でプレーされる方もいます。ホールインワン賞を実施している団体もあり、親子ふれあいの場として、プレー中は盛り上がります。キーワードは、「**親子**」「**プレー**」「**ふれあい**」です。

　対象は、幼児から小学生の子どもとその親（保護者含む）です。

④ライフこども囲碁クラブ

　運動だけではなく、子どもの知育・徳育を目的として、2005年より近畿圏を中心に助成事業として始めました。学校、公共施設などを利用した地域の子ども囲碁活動です。囲碁の技術習得よりも、礼儀作法やマナーの習得を大切にし、囲碁というゲームを通じて「豊かなこころ」を持つ子どもを育む環境づくりを目指しています。キーワードは、「**子ども**」「**仲間づくり**」「**礼儀**」です。

　誰でも3分で囲碁ができるようなマニュアルを作成し、知らない間に囲碁に親しむことができます。指導者は地元のおじいちゃんやおばあちゃんが中心で、囲碁を通じて異世代と交流することができます。一般財団法人関西棋院とも連携し、子どもたちは「大阪秋の陣

(子ども囲碁大会)」にも参加しています。

　対象は子どもとし、原則10名以上の子どもの登録ができ、年間20回程度開催できる団体とします。

研究活動

　2015年より財団と大阪体育大学は、連携協定を締結し、子どもと親子のスポーツ活動の普及・推進を目指し、次世代をになう学生の教育及び学術研究等の充実及び発展に資することを目的とした活動を行っています。

　2016年から2017年にかけて、財団の推進助成事業である「ライフ・チャレンジ・ザ・ウォーク」における参加者及びスタッフ調査を、以下の通り行いました。

〈参加者調査より〉

①ライフ・チャレンジ・ザ・ウォーク参加者のイベント満足度は、すべての項目において高い数値となり、満足度は高いと評価できる。

②家族(親子)で参加できる項目が高い数値となり、親子の参加取り組みに成功していると評価できる。

表3　イベント参加による成果（4クラスターによる比較）

項目	全体	Cluster 1 38人(21.6%)	Cluster 2 66人(37.5%)	Cluster 3 28人(15.9%)	Cluster 4 44人(25%)	F値
	平均値(標準偏差)	平均値(標準偏差)	平均値(標準偏差)	平均値(標準偏差)	平均値(標準偏差)	
今後親子で運動やスポーツをしようと思った	4.10 (.901)	3.61 (.916)	4.18 (.742)	4.11 (.994)	4.41 (.897)	6.237**
子どもの新たな一面を見ることができた	3.82 (.990)	3.47 (.979)	3.74 (.950)	3.61 (.875)	4.39 (.920)	7.71***
親子でたくさん会話ができた	4.15 (.822)	3.84 (.823)	4.09 (.818)	4.25 (.752)	4.43 (.789)	3.945**
地域のイメージが変わった	3.60 (1.048)	3.21 (1.094)	3.42 (.946)	3.39 (1.031)	4.34 (.805)	11.956***
新たな地域の発見	3.93 (1.042)	3.53 (1.033)	3.71 (1.019)	4.00 (1.018)	4.55 (.820)	9.139***
親子で楽しくからだを動かすことができた	4.47 (.709)	4.00 (.930)	4.42 (.634)	4.61 (.497)	4.86 (.409)	12.646***
地域の人たちとの交流が深まった	3.71 (1.067)	3.21 (.779)	3.69 (1.151)	3.33 (1.017)	4.31 (0.900)	7.433***

5段階評定（1あてはまらない〜5とてもあてはまる）で測定　　　　　　　　　　　　　*$p<.05$ **$p<.01$ ***$p<.001$

〈スタッフ調査より〉

①ライフ・チャレンジ・ザ・ウォークは、「家族（親子）で参加できること」の項目において数値が高く、本事業の魅力となっている。

②運営スタッフは、本事業の趣旨を理解して運営に取り組んでいる。

③運営満足度では、「活動を通じて地域社会に貢献できた」「参加者に喜んでもらえるような活動ができた」という項目で値が高かった。

④運営上の問題点・負担では、「参加者が減少傾向にある」という値が高かった。

⑤運営スタッフは、スポーツボランティア研究で挙げられている参加者支援、ボランティア、地域貢献というボランティア観と同じ特徴を持っている。

■ライフ・チャレンジ・ザ・ウォークの魅力について

項目	スポーツ推進委員協議会 平均値（標準偏差）	総合型地域スポーツクラブ 平均値（標準偏差）	全体 平均値（標準偏差）
家族（親子）で参加できること	4.81（.709）	4.92（.315）	4.85（.603）
手軽に参加できること	4.66（.774）	4.92（.315）	4.75（.662）
クイズやゲームがあって楽しい	4.67（.789）	4.86（.381）	4.74（.680）
お昼で終わる時間設定	4.60（.785）	4.87（.366）	4.70（.675）
子どもでも参加できる運動量	4.65（.785）	4.83（.439）	4.71（.688）

5段階評定（1あてはまらない～5とてもあてはまる）で測定

■運営満足度

項目	スポーツ推進委員協議会 平均値（標準偏差）	総合型地域スポーツクラブ 平均値（標準偏差）	全体 平均値（標準偏差）
大会を盛り上げることができた	4.21（.736）	4.29（.738）	4.24（.730）
参加者と交流することができた	4.20（.822）	4.31（.756）	4.24（.798）
色々な人と出会えた	4.17（.745）	4.26（.814）	4.20（.772）
自分の技術や経験を生かせた	3.60（.676）	3.69（.973）	3.63（.912）
大会の運営に役立つことができた	4.12（.805）	4.09（.777）	4.11（.793）
新しい知識や経験を得た	3.66（.691）	3.92（.871）	3.75（.891）
活動を通して地域社会に貢献できた	4.25（.772）	4.24（.718）	4.25（.752）
参加者に喜んでもらえる活動ができた	4.46（.683）	4.36（.734）	4.42（.702）
参加者の気持ちを共感できた	4.14（.717）	4.13（.732）	4.14（.721）
参加者の活動を支援できた	4.28（.736）	4.28（.730）	4.28（.732）

5段階評定（1あてはまらない～5とてもあてはまる）で測定

出典：紺田・冨山他（2018）スポーツイベントの参加者の地域愛着―ライフ・チャレンジ・ザ・ウォークを対象として―

今後も、大阪体育大学とは、親子スポーツの普及・推進のための研究を進めてまいります。

スポーツフォーラム

　2018年3月11日に大阪体育大学社会貢献センター設立記念とライフスポーツ財団35周年記念事業として、スポーツフォーラムを開催いたしました。

　子どもたちが幼少期から運動やスポーツに取り組みながら心とからだを育むことは、とても大切なことですが、早期に専門的に取り組むことによるバーンアウト（燃え尽き症候群）や、部活動のあり方など多くの問題が山積しています。このフォーラムでは、「これからの子どもの運動・スポーツ環境を考える」というテーマで、子どもたちにとって望ましいスポーツ環境のあり方について考えました。関西を中心とするスポーツ関係者、111名の参加者が集いました。

　本フォーラムは、会場を「あべのハルカス」におき、基調講演とフォーラムの二本柱での構成で行われました。基調講演では、東京学芸大学教授、吉田伊津美氏による「これからの子どもの運動・スポーツ環境を考える」という内容で、主に幼少期における子どもたちの現状から、コンセプトとなる子どもたちの運動内容について、ご提言をいただきました。

　また、フォーラムにおいては、大阪体育大学（以下、「大体大」）教授、中山健氏のコーディネートにより、「望まれる環境づくりにむけて」のテーマで、進められました。パネリストは、大体大教授、三島隆章氏「発育発達の観点から」、同大准教授、小林博隆氏「部活動の在り方」、ライフスポーツ財団（以下、「財団」）、常務理事、河原慶子氏「幼児期の運動・スポーツ」と、それぞれ子どもの運動環境の視点で発表されました。

　まとめとして、大体大名誉教授であり、財団名誉顧問、細川磐氏による助言に合わせ、同大教授、冨山浩三氏に「多様なスポーツが経験できるしくみづくり」として、全体のまとめとしていただきました。

公益財団法人 ライフスポーツ財団 × 大阪体育大学

子どもたちに多様なスポーツの環境を！

子どもたちには、多様なスポーツに触れる環境が必要です

これまで、一つのこと、一つの種目をずっと継続することが良いことだと考えられることがありました。一つのことをやり通すことは、とても大切で意味のあることです。しかし、幼児期から青年期までの子どもたちの発育や発達、そしてスポーツ経験について考えるとき、様々なスポーツ活動に、主体的に関わることが大切だということがわかってきました。複数種目に触れられる環境をつくることは、豊かなスポーツライフの実現や、特定の種目の競技力を高めるためにとても大切です。

指導者養成事業

キッズスポーツインストラクターセミナー

2005年から「健全な心身の発達をサポートできる指導者」を養成するために「キッズスポーツインストラクターセミナー」を開催しています。「幼少児」における心身の特徴や発育発達に適したプログラムを提供し、「あそび」を通して「運動」することを活動の中心と捉えて指導を展開できるインストラクターを養成しています。

上記のような指導者の養成及び育成を進めていくためには、地域スポーツ指導者の活用と指導者としての資質の向上を目指す必要があります。特に総合型地域スポーツクラブの活動が進められている社会の動きの中で、万人が地域の中で健康社会を築き、身近に運動・スポーツに取り組める環境が今つくられようとしています。

そして、総合型地域スポーツクラブの活動が活発に行われている中、地域のスポーツ指導者も増えていますが、現状として、小学生以上の子どもたちや大人を対象にプログラムされている内容が多く、幼少児や親子を対象に組まれているプログラムは僅かです。「幼児や親子の活動を指導できる指導者がいない」「幼児の指導は苦手！」「幼児の指導は行ったことがない」等の声が聞かれます。

幼少期は、からだを動かすことが最も大切な時期であり、人間形成においても親子のふれあう機会が必須であるにもかかわらず、その分野の指導者が少ないのが現状です。

地域の中で、幼少児や親子の分野における指導者の養成と育成が今望まれるのではないかと考えます。多種多様の種目、年齢、体力、目的等の違いにも対応できる質の高い指導者が求められています。

ライフキッズスポーツクラブと指導者養成の連携事業展開

さて、前述の「ライフキッズスポーツクラブ」の運営は、「キッズスポーツインストラクターセミナー（以下、セミナー）」との連携のもと行っている事業です。

ライフキッズスポーツクラブの指導者は、「セミナー」を受講し、「公認インストラクター」資格を取得します。公認インストラクター2名以上含む、4名以上で構成される任意団体を立ち上げると、ライフキッズスポーツクラブの開催ができるというのが、他に類を見ない大きな特徴です。

推進事業「ライフキッズスポーツクラブ」と自主運営「ライフキッズスポーツクラブ」

・自主運営「ライフキッズスポーツクラブ」の指導者

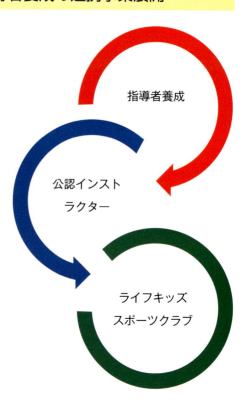

財団が自主運営するライフキッズスポーツクラブは、主にライフスポーツ財団の本部が主導し、行います。そして、そのプログラム内容の選定や指導は、財団が「公認インストラクター」の中から選出した「専任インストラクター」が行います。

専任インストラクターは、日頃は学校や地域で運動指導を行っており、経験値が高く、指導技術に優れ、やさしく、公平で、人間関係を構築していくことに優れた能力を持っている人材です。また、幼児期の運動指導の場面では、想定していなかったことが突発的に起こる可能性が高いため、常に目配り気配りし、適切な対応のできる指導者として財団が認めています。

・推進事業「ライフキッズスポーツクラブ」の指導者

また、全国20か所あまりで活動している、推進事業「ライフキッズスポーツクラブ」の活動においても同様に、公認インストラクターが活躍しています。

公認インストラクターには、以下の2種類の資格があります。推進事業のライフキッズスポーツクラブでは、団体内にトップインストラクターを含む2名以上の公認インストラクターが在籍し、指導を行うことが開催の条件となります。

(1) ミドルインストラクター

幼少児及び親子の運動・スポーツに積極的に携わり、主となる指導者のアシスタントとして活動全般に関わります。

(2) トップインストラクター

「ライフキッズスポーツクラブ」を含む、幼少児及び親子のスポーツ活動全般の運営ならびに指導を中心的立場で行います。メイン指導（1人で1時間指導）ができる指導者です。

公認インストラクターの組織図

- 公認インストラクターの資質向上プログラムの検討
- 研修会やスキルアップ講習会の企画運営
- 本部ライフキッズスポーツクラブの指導者
- 財団認定資格取得者で、主に居住地域でのライフキッズスポーツクラブ開催が認められる指導者

公認インストラクターの活動

・専任インストラクターとキッズプロジェクトの活動について

　公認インストラクターは、上図のように分類されます。この中から、財団本部の指導者として専任インストラクターを位置付け、ライフキッズスポーツクラブの指導者として活動し、財団が推奨するプログラムの作成に当たります。

　また、公認インストラクターの中から、キッズプロジェクトを位置付け、公認インストラクターの資質向上のためのインストラクターゼミの企画運営と、情報誌「Petit」の企画に携わり、全国の公認インストラクターをつなぎます。

　公認インストラクターのための資質向上プログラムは、年に数回開催する「インストラクターゼミ」において、全国の公認インストラクターに提供されます。このゼミは、具体的なプログラムの紹介はもとより、直接的に子どもの指導にかかわりがなくても、指導者自身の考えや日常を振り返ることができるような研究協議や講演会、活動の見学や実技研修などがあります。そして、指導者自身の考え方や悩み等を気軽に話し合える場を提供します。

おてがみ Petit

第 II 部
親子ふれあい体操プログラム（理論と実践）

理 論

<mark>「財団が推奨する親子や子どもに関する理論的根拠」</mark>

仙台大学 客員教授、幼保連携型認定子ども園 持子保育園 園長 原田健次

1. 親子体操の有用性

(1) 子育て環境について

　近年、社会や子どもを取り巻く環境は大きく変化し、子どもや家庭に様々な影響を及ぼしています。そこで、子どもの健全な育ちを守るためには親への子育てに関する支援が重要と考えられています。平成24年度に成立した「子ども・子育て支援法」では、市町村は地域の子育てニーズに基づき「子ども・子育て支援事業計画」を策定し、必要な保育を確保するための措置を講じることとしていることから、市町村や保育現場では地域の実情や子育て家庭のニーズに応じたきめ細かい施策と実施が望まれており、様々な子育て支援事業が展開されています。

(2) 子育ての不安・悩みについて

①仕事の両立（働き方法案、共働き世帯の増加）

　ここ数年、共働き家庭の増加に伴い0・1・2歳児の保育のニーズは急増しています。その年齢で保育施設に通っている子どもは平成18年では全体のおよそ20％でしたが平成28年では33％と、10％以上も増えています[1]。働く保護者は、乳児期に保育園に預けてまで仕事をすることに対する不安や負い目を感じることも多いのではないでしょうか。

②子どもへの接し方、躾（しつけ）の仕方、育児不安やストレスを持つ母親が増加

　お母さん同士のコミュニケーションの場への参加する機会が少なく、コミュニケーションで得られる情報が少ないため子育てに関する基準がわからず不安になることがあります。例えば、2歳前後になると自我が芽生え、言葉や行動による主張が増えてきます。いわゆるイヤイヤ期（第一次反抗期）が始まることでしつけや対応の仕方がわからなくなったり、その時期や、子どもの行動からストレスを感じて子育てがしんどくなることがあります。

③子育てによるからだの疲れ（時間がない、運動不足）

　仕事と子育てを両立することで、家事・自分のことに費やす時間が不足してしまいます。また、低年齢の育児期においては子どもから目を離すことができず、育児に時間を取られる

ことで、育児者自身がリラックスする余暇の時間や、運動をしてストレスを解消するなどの機会が極端に少なくなってしまっているのが現状です。

(3) 親子体操のねらい

①子どもだけではなく親に対するサポート

　子育て支援事業では、子どもも親も共に育っていくことで成り立っており、そのためには「両者の相互性を高めるための支援」「親の子育て不安に対する支援」「生活を支えていくための支援」という側面から、状況に応じた援助が必要である[2]と述べられています。また、利用者調査からは利用者たちの満足度は、子どもの成長の寄与だけではなく、保護者自身にも内面的・共感的サポートが得られ、心身共にリフレッシュができ、親自身の社会性が向上するようなサポートが必要とされます。

②親子体操は心身ともにリフレッシュ

　親子体操は、親と子が一緒にコミュニケーションをとり、ふれあいを通して親子の関係性を深めることができる運動です。親子体操を行うことで、同じ子育てをしている保護者同士がコミュニケーションを取ることから、保護者が子育てに対する悩み・不安を分かち合い、育児ストレスを少しでも解消できれば良いでしょう。

　親子体操を続けて行っていくことで運動量が増加し、消費カロリーが増大し、体脂肪率が減少しました。また、親子のふれあう接触機会の増加が、母子相互の愛着形成を促し、育児ストレスの軽減をもたらしたという研究報告[3]もあります。汗をかくくらいしっかりと運動をすると、自律神経機能の働きがよくなり、体力向上にもつながります。同時に、動くことでお腹がすいて食事がよく進み、心地よい疲れをもたらすことでぐっすりと眠ることができます。すなわち生活リズムの整調につながります。

③子どもの社会性を身に付ける

　子どもは誕生後、母性愛や子の母への愛着行動が基礎となり、安定した母子関係がつくられていきます。母親とのスキンシップはその後の人間関係、社会性を育てることになり、子どものこころを育てる基本となります。親子体操の時間はお父さんやお母さんを独り占めにできる時間です。その時間はきっと子どもの心の居場所となるでしょう。

　また、同年齢の子どもと交流することは、模倣をしたり、あそびの発展、一緒に遊ぶ楽しさを味わったりすることができます。模倣は知的面の向上の第一歩です。親や他の友だちの動きをみてまねをしたり、創造したり、工夫をしたりすることは見取り学習にもつながります。しかし、人とかかわって遊ぶということは同時に自分の思い通りにならないことも経験することがあります。友だちとけんかをしたり、泣いたり怒ったり、様々な葛藤を経験する場面が増えてきます。「嫌なこと」「自分のしたいこと」を主張する自己主張も大切に人とかかわることで、「決まりやルールを守る」「自分の使っているものや、役割を人にゆずる」など自分の気持ちを抑える自己を抑制する力が身につきます。

④「自我の芽生え」と仲よくお付き合い

　1歳半前後になると「自我の芽生え」というほとんどの子どもが迎える成長過程があります。なんでも「イヤイヤ」と反抗的な態度に感じてしまいますが、子どもにとっては自分の気持ちを表現しているだけです。危険のない限り、抑制しすぎず、自分でしようとする気持ちを大切に、できたときにはおおいに褒め、達成感や満足感を感じさせてあげてください。

（4）具体的な親子体操
1）親子のスキンシップムーブメント
①ジャンプいろいろ

- 親子で手をつないでジャンプをしましょう。ジャンプは心もからだも高揚します。
- 次は両手をつないでジャンプをしましょう。手を離さないように回っても楽しいです。

②パチパチトントンリズム手拍子

- リズムに合わせてリズム打ちをやってみましょう。
- 大人はしゃがむと目線が合って顔をみることができます。
- 「動的」なプログラムの間に入れると「間」ができ集中して活動ができるでしょう。

③握手で引っ張り・お尻たたき・足の踏み合い・手をつなぎ引っ張りっこで力比べ

- 大人はハンディをつけて片足立ちで行っても楽しいです。
- 手をつないでいない方の手でお尻のたたき合いをします。
- 子どもの手を引っ張るときは、急に引っ張らないように注意しましょう。

④なべなべそこぬけ〜背中ずもう

- 両手をつないで「なべなべそこぬけ」を歌いながら行います。
- 背中合わせで座ります。最初はシーソーで力合わせ。次はお尻を付けたまま背中で押し合いっこ（背中ずもう）を行います。

⑤丸太倒し
・大人は仰向けに寝転び、膝を伸ばし両足を床面と垂直に上げます。
・子どもは大人の足を倒すようにいろんな方向へ押し倒します。

⑥丸太跳び～さんぽ
・大人は膝を伸ばして座ります。足を踏まないように両足跳びで跳び越えます。難しい時は、「セーノ」「ピョン」など掛け声を出したり、手を添えて補助をするのもよいでしょう。
・慣れてくれば他の大人の足を跳んでいろんなところに散歩に行ってみましょう。

⑦親子列車（交替ムーブメント）
・子どもが前（運転手）、大人が後ろ（お客さん）になり、ランダムに電車になって動きます。
・子どもは敏感なので、肩に手を置くと、くすぐったがる子どもがいるかもしれません。その場合はフープや短縄を使うとよいでしょう。

・適当な時間で止まります。次は前・後を交替して動きます。その時、大人はすれ違う列車とハイタッチで「あいさつ」をすると交流ができます。
・また交替して子どもがハイタッチをするのもよいでしょう。

・交替をして大人が前の時に、今度は大人の腰や手を持たず、後ろ姿を見てついて行く列車をやってみましょう。
・最初はゆっくりからはじめて、子どもがついてきているか確認をしながら少しずつスピードを上げてみましょう。

2）家族間の交流プログラム

①ジャンケン列車

- 親子列車をしながら先頭同士ジャンケンをします。負けたら親子でトンネルをつくり、勝ったらトンネルを通りましょう。
- 通り終わったらまたジャンケンをする相手をみつけに進みます。

②相談ジャンケン列車

- 親子で、「グー、チョキ、パー」の何を出すか相談します。全親子が決まったら前に立つ指導者とジャンケンをします。負けたらトンネル、勝ったら通ることができます。
- 親子1組でも参加人数によっては2〜3組で同じチームになって行うとよいでしょう。

③ジャンケン宝とり列車

- ルールは簡単、たくさん宝を集めるあそびです。
- 親子で2個玉入れの玉（宝物）を持ちます。
- ジャンケン列車の要領で先頭同士がジャンケンをします。
- 勝ったら玉を1つもらえます。負ければ1つを渡します。
- 玉がなくなったら前に来て、うさぎジャンプを3回します。この時のジャンプは大人がやると盛り上がります。そうして指導者から玉を1つもらってゲームに参加します。
- 親子1組でも参加人数によっては2〜3組で同じチームになって行うとよいでしょう。

④ジャンケン大人と子ども交替列車
- ①のジャンケン列車とトンネルを通るところまでは同じです。
- トンネルを通った後、ジャンケンに勝った親子は、子どもも大人も運転手（前）になります。負けた方の親子は子どもも大人もお客さん（後ろ）になります。
- その時に子どもの運転手の後ろには大人がつながり、大人が運転手の後ろには子どもがつながります。すなわち、親子が離ればなれになるということです。
- 親子が、離れることに不安があったり、嫌がったりする場合は、無理に離れる必要はありません。

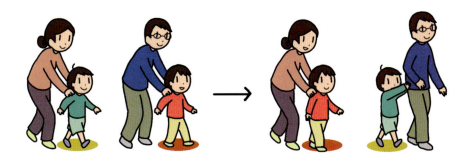

⑤パラシュートあそび
- 「バタバタ、ストップ」が集中の合図。
- 親子交替あそび。「探検ごっこ」で中に潜ります。
- お山登り。「引っ張って押さえる」「バンザイして押さえる」「バンザイして一歩前に出て押さえる」山の大きさの違いを楽しみましょう。
- 山を作るときに中に入ってしまうことがあります。注意を促し、もし中に入った時にはもう一度作り直します。

2. 乳幼児期から児童期前半までの発育発達

（1）発育・発達とは

　発育とは形態、重量の増加といった量的な変化を意味し、身長や体重が例として挙げられます。また発達とは生物・事物・事象が低い段階から高い段階へと向かう質的な変化を意味し、脳・心臓がこれにあたります。また、発達はさらに生物学的発達と行動学的発達の2つに分けることができ、①生物学的発達（遺伝子的要因）は例として細胞分化（様々な機能

を持つ器官に分かれる）や運動機能などがあげられます。②行動学的発達（環境的要因）として言語能力や社会的能力などがあげられます。教育の分野では生物学的発達を成熟、行動学的発達を学習とよぶことがあります。

(2) 乳幼児の体格とその変化

　子どもの発達状態を知るために、体重・身長はよい指標となります。出生時の平均体重は約3kg前後ですが、生後3ヶ月で約2倍の6kg、1歳を過ぎるころには3倍の約9kgに、2歳で4倍の約12kg、4歳では5倍で約15kgに発育します。一方、出生時の平均身長は約50cm前後です。身長の発育は乳幼児に旺盛であり、特に生後3ヶ月間の増加が著しくなります。1歳頃になると20～25cm増加し、約1.5倍になり、4歳児で出生時の2倍に成長します。

　からだ各部分の均等の変化についてはシュトラッツ（Strats, C, H）の年齢別の変化（図-1）をみると、子どもは身長や体重が大人に比べて小さいだけでなく、からだの比率（頭部の大きさとからだ全体の比率）も大人とは異なっています（図）。頭の大きさを1とした時、大人は8頭身ですが、出生時は4頭身、6歳でも6頭身になります。すなわち、子どもは大人と比べて頭でっかちで、重心も高い位置にあるのでバランスが悪く不安定になり、転びやすくなるのです。

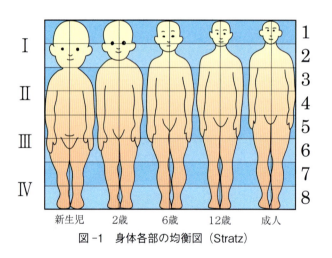

図-1　身体各部の均衡図（Stratz）

(3) 反射

　新生児期から乳児期にかけては、大脳の機能が未発達であるため、反射的な行動がほとんどです。反射は、神経系の発達に関連していると考えられます。新生児期に特徴的にみられ、成長発達とともに消失してしまう反射を原始反射といいます。この反射は、生命保持と環境適応のために、生まれつき備わっている反応です。親子体操のふれあいあそびにこれらの反射を刺激する動きを取り入れたらよいでしょう。

　原始反射の代表的なものには、口唇探索反射・吸啜反射・把握反射・モロー反射・歩行反応などがあり、原始反射は脳の発達とともに3～4ヶ月ごろまでに消失していくものがほとんどです。反射が出現するべき月齢に観察されなかったり、消失すべき月齢でも残存してい

たりする場合には神経系の発達の障害が疑われる場合があります。

(4) 発達の順序性

　人間の成長は、個人によって少しの差があり、身体各部の発育や内臓諸器官における機能の発達は、一定の速度で進行・増大するものではありません。しかし、その過程においては、一定の順序性と方向性があり、決して逆行したり、飛躍したりはしません。例えば、首がすわってからお座りができ、歩行が始まるという順序には、「頭部から下部（足部）へ」の方向性があり、胴体から、肩、腕、ひじ、手首、指がコントロールできるようになる順序には、「中心部から抹消へ」の方向性があります。指先で物をつまむという動きができるのは、大きな筋肉を使った粗大運動しかできない時期から次第に分化し、微細運動が可能になった証です。

(5) からだ各部の発育プロセス

　発育・発達のプロセスにおいて、身体各部の発育も、内臓諸器官における機能の発達も、決してバランスよく同じ比率、同じスピードで増大したり、進行したりするものではありません。子どものからだの成長については「スキャモンの発育曲線（図-2）」がよく用いられていますが、スキャモンは臓器別の組織特性が存在することに注目し、筋肉・骨格系（一般型）や脳・神経系（神経型）、生殖腺系（生殖型）、リンパ腺系（リンパ型）の４つに分けています。

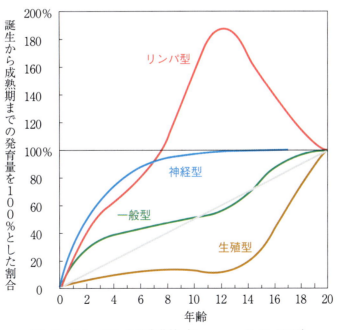

図-2　スキャモンの発育曲線（Scammon, R, E, 1930）

　乳幼児期はからだの諸器官が未発達の段階にありますが、脳の発達を含め神経機能の発達は幼児期ですでに成人に近い形（約80％）で発達するといわれています。そのために運動は神経系を中心としたバランス・タイミングを取る動き、すばしっこさ・巧みさを出せる種

目といった全身調整力の要素が多く含まれる運動あそびをしっかり経験していくことが望ましいのです。

　すなわち、幼児期から児童期前半ぐらいまでに、平衡性や敏捷性、巧緻性などの調整力の獲得に適時性があるといえます。児童期半ばくらいまでは様々な身のこなしの習得、児童期後半になると動きが洗練され、各諸器官の成長も著しくなってくることから、次第に持久力的運動へ移行するとよいでしょう。

(6) あそびを通した幼児期の子どもの育ち

　子どもの育ち（発達）を考えるときには「できた、できない」のものさしでみてはいけないということがいわれています。ゲゼルの発達観は3歳になれば「これができる」、4歳になれば「あれもできる」というように、発達はちょうど階段を上っていくように進んでいくという考え方です。そうすると子どもの見方、捉え方として、この子どもは「できる」か「できない」かが評価されることになるのです。早い段階でできた子どもには、もっと早くできる可能性があるということで才能開発教育の理論的支柱にされることがあったといわれています。

　その考えに異論を唱えたのは、ピアジェやビゴツキー等の発達構成論者、発達近接論者です。それは、「子どもの発達は子ども自らが「ふうせん」を膨らませていくようなものである」という発達観です。「発達は大人や教師が主導していくのではなく、子ども自らが自らを膨らませていくことにあり、指導者や保護者の役割は、その「ふうせん」が破れないように支えていくことであろう」という考えで、「ふうせん」は小さくとも「ふうせん」であり、また、途中を省いて突然大きく膨らむものではありません。順序を追って少しずつ大きくなり、1つとして同じように膨らむことがなく、色も形もそれぞれ子ども自身の手で選ばれるものであるということです。すなわち、発達は、一人ひとりの膨らまし方の中にあり、一人ひとりが自分なりの「ふうせん」を選択していく中にあると考えるべきであるというものです。

3. 乳幼児期から児童期前半までの体育指導時の注意点

　体育指導を実際に行うにあたり指導者は、一人ひとりの子どもの持っている力を最大限に発揮できるよう様々なことに注意をはらい、指導に当たることが大切です。

　指導者は、こんな子どもを育てたいという「思い・願い」をしっかりと持ち、活動のねらい・目標を定めて展開してください。子ども自らが、主体的、自発的に取り組め、状況に応じて、自分で考え、判断し、行動することができる環境を整え、指導者はいつも元気で明るく、楽しい雰囲気づくりを心がけ、子どもの行動や言動に対して常にアンテナを張り、受け止め、かかわりを持って、達成感や有能感を高めてほしいものです。

①運動量をしっかりとる（子どもの力発揮）

　幼児期は動きたいという生理的な欲求がとても強い時期です。自分のしたいことを見つけて遊ぶことのできる環境を整え、思い切りからだを動かし運動量をしっかりとる展開が大切

です。動きは、ある特定のスポーツ種目に偏らず多様な動きを経験することが大切です。

②展開にメリハリをつける
 1）キーワード　静と動・GO and STOP・力合わせと競い合い
 2）子どもの興味・関心・理解度に応じた「流れ」をつくる

　乳幼児が安全に生活するための基本的な能力は、主にあそびを通して、物や人とかかわる中で、試したり、夢中になったり、疑問をもったりする体験を通して培われていきます。また、幼児はいろいろなことに興味・関心を持ち活動をしますが、同時に「飽きやすい」という特徴を持っています。「話を聞きなさい」「集中しなさい」と叱責するのではなく、展開にメリハリをつけ、子どもが考え、気づいてあそびが深まっていくような展開を心掛けることが大切です。

③子どもの心身の発達を理解する

　大切なことは、まず乳幼児の実態を知り、子どもを理解することです。乳幼児の行動特徴を理解することにより、事故発生の要因を予測し、対策を考えることが可能となります。

1）身体面からみた特徴
・頭部が大きく重い。また、重心が高いため、転倒、転落しやすい。
・乳幼児期はからだの諸器官が未発達の段階にあり、脳の発達を含め神経機能の発達は幼児期ですでに大人に近い形で発達するといわれている。そのため乳幼児期の運動は神経系を中心としたバランス・タイミングを取る動き、すばしっこさ・巧みさといった全身調整力の要素が多く含まれる運動あそびを行うことが大切。（神経機能の未分化から分化へ）
・視界が大人と異なる。特に、自分の見えている範囲以外のことは認知しにくい。

2）心の面からみた特徴
・言葉での説明だけでは理解できない。必ず「見本」をみせる。
・子どもは興味のないことはしない。
・子どもは危険を予知する能力が低い。

3）行動面からみた特徴
・子どもは見えないところ（ものかげ、すきま）で遊ぶことが好き。
・模倣あそびが好きで、主人公（ヒーローもの）になりきって遊ぶ。
・興味をひきつけられると、行動が停止できなくなる。

④発育・発達の個人差に配慮する

　乳幼児期からすでに一人ひとりの育ちには個人差が見られます。足の速い・遅いというような運動能力の個人差もあります。また、運動の得手不得手もあります。からだを動かすあそびをすべての子どもが楽しむことができるよう、楽しさに偏りのでない指導を行うことが大切です。

⑤ルール理解のための展開

　子どもたちにルールを守ることであそびが「楽しく」なるということを、あそびの経験を通して感じさせてください。ルール破りの場面を見たら大人がすぐに注意するのではなく、子ども自身が、他者の存在や思い、ルールの必要性などに気付いていくプロセスを経験し、そのプロセスを援助していくかかわりが大切です。

⑥ルールやぶりができないルール作りの工夫

　乳児期は子ども自らルールや約束を守ることは難しいし、大人がルールありきで進めてしまうと制約のかかり過ぎた活動になり楽しくなくなります。順番抜かしをさせず、決まったコース・方向で行わそうとするようなコースづくりをする等、ルール破りにならないような設定を工夫することが必要です。

⑦安全に十分な配慮をする

　保育現場は「いのち」を育み、あずかるところ。気の緩みや錯覚、手抜き、憶測判断などによるヒューマンエラーをしないように心がけることが大切です。また、できるからといって不必要に高さのある設定は避け、高さがなくても、多様な動きを経験できるように設定の工夫を心がけてください。子どもはいくら習熟しても失敗することがあります。転倒・失敗などを予測し、マットを敷くなり、補助に付くなど可能な限り、安全に配慮をした環境を整える必要があります。

⑧用具の理解について
1）安全な使用方法を知っておく必要があります。
2）既成概念にとらわれず、創意工夫が大切です。
3）用具についての知識を得ておく必要があります。
4）身近にあるものを用いて、手づくりの用具や遊具を創造することが大切です。
5）後片付け等、子どもも安全な取り扱い方ができるようにすることが大切です。

4. 乳幼児期から児童期前半までの運動の意義

　平成24年、文部科学省が制定した幼児期運動指針では、現代の幼児期における子どもたちの身体活動・運動（からだを動かすことやあそび）について、「活発にからだを動かすあそびが減っている」「からだの操作が未熟な幼児が増えている」「自発的な運動の機会が減っている」「からだを動かす機会が少なくなっている」という問題点があげられています。

　その背景としては、子どもたちの生活習慣の悪さとそのリズムの乱れによるもの、ライフスタイルの変化にともなう生活環境の変化、また、子どもたちの様々な体験・経験不足（あそびの消失）が考えられます。

①身体的発育の促進

　子どもにとっての運動は、健全な発育・発達を促すための運動刺激です。中でも幼児期は、からだの諸器官が未発達の段階にありますが、脳の発達を含め神経機能の発達は幼児期ですでに大人に近い形で発達するといわれています。そのために運動は神経系を中心としたバランス・タイミングを取る動き、力の加減をコントロールする運動、すばしっこさ・巧みさを出せる種目といった全身の調整をする能力が顕著に向上する時期です。

　この能力は、新しい動きを身に付ける時に重要な働きをするとともに、まわりの状況の的確な判断や予測に基づいて行動する能力を含んでおり、けがや事故を防止することにもつながります。このため、幼児期に運動を調整する能力を高めておくことは、児童期以降の運動機能の基礎を形成するという重要な意味を持ちます。

②健康の増進

　全身運動を行うことにより、血液循環がよくなり、心臓や肺機能、消化器などの働きが促進されます。また、運動をすることで外界に対する適応力が身につきます。つまり、健康なからだを維持するための体力（防衛体力）が向上します。具体的には、ウイルスやばい菌の感染から身を守る抵抗力や免疫力のことです。また、ストレスや気温の変化にも対応できる力のことです。

③情緒の発達

　子どもにとってからだを動かすあそびなど、伸び伸びと動くことは、すこやかな心の育ちを促す効果があります。とりわけ、ルールのあるあそびに仲間と一緒に取り組むことは、お互いの思いや工夫・創造が加わりあそびが広がります。しかし、そこには、友だちとの意見のズレや自分の思いが通らないことがあり、仲間から外れたり、それを解決できず葛藤を持ってしまうこともあります。

　友だちと意見が食い違っても、自分の主張や要求をするだけではなく、人の意見を聞きいれたり、我慢や妥協をしたりしながら問題を解決し、楽しくあそびを行うことができるようになることが大切です。これらは「自己制御」といわれる育ちで、「嫌なこと」「人と違う意見を持っていること」を主張する自己主張にかかわるものと、「決まりやルールを守る」「自分の使っているものや、役割を人にゆずる」など自己抑制にかかわるものがあります。

　幼児があそびの中で興味・関心・意欲を持って取り組むことと、仲間と一緒に工夫しながら、からだを動かす楽しさを十分に味わうことができる仲間と一緒にするあそびは意義深いものです。友だちと協同すること、自分や友だちの良さに気づくこと、また、結果を捉えるだけでなく、友だちと一緒に表現して楽しむことといった実体験から、子どもはいろいろなことを心で感じ、人に対する思いやりの気持ちなどが育ちます。

④生活習慣づくりにつながる

　「運動」「睡眠」「食事」といった生活リズムを整えることは、しっかりと運動をすることで空腹感を満たす食事ができ、心地の良い疲れから質の高い睡眠をとることにつながります。すなわち、子どもにとっての運動は「睡眠をよくとり、生活のリズムづくりに役立つ」「運動後の空腹感を満たす際に、偏食をなくすための食事習慣にも役立つ」「手洗い、うがいなど身の回りを清潔にする習慣や態度が育つ」など基本的生活習慣が身につきます。

　文部科学省調査では、幼児に望ましい生活習慣、運動習慣の定着を図るための実践活動を行った幼稚園、保育所においては、基本的動作（走る、跳ぶ、投げる、まりをつく、捕る、転がる、平均台を移動する）の得点が、毎年その取組を重ねるにつれていずれも高まっています。

　このことは、幼児期にからだを動かすあそびなどを通じて多様な動きを経験し、それを長期にわたって継続することにより、基本的な動きがより洗練されていくことを示唆しています。この時期に培われる基本的な動きは、より複雑なあそびや運動（スポーツ）の基礎を育むだけでなく、様々な危険から身を守るための基礎を育むことにもなるものです。

引用・参考文献
1) 厚生労働省：保育所利用児童数の状況（平成18年、28年）
2) 大塚兼司：「子育て支援」研究の在り方,第55回日本保育学会, s50, 2015
3) 溝口絵里加：「親子体操実施が母親の育児ストレスにと身体に及ぼす効果」体力・栄養・免疫学雑誌 27(1)：35-41, 2017
4) 日本幼児体育学会編：「幼児体育 ― 理論と実践 ― [上級]」大学教育出版, 2013
5) 前橋明編：「元気な子どもを育てる幼児体育」保育出版社, 2015
6) 三村寛一編：「新・保育と健康」嵯峨野書院, 2018
7) 文部科学省幼児期運動指針策定委員会：「幼児期運動指針」, 2012

実 践

財団が提供するライフキッズスポーツクラブのプログラムの内容

ライフキッズスポーツクラブでは、文部科学省の「幼児期の運動指針」や日本スポーツ協会の「アクティブチャイルドプログラム」を基準に、プログラムの作成をしています。幼児期の運動では、「楽しく活動できること」が必須条件になりますが、楽しいだけではなく、理論に裏打ちされた内容で、幼児期に必要な体力や運動能力の発達を加味しています。

「からだのバランスをとる動き」「からだを移動する動き」「用具などを操作する動き」を中心に、運動の方向性（左右・上下・高低・水平・回転など）の要素を組み入れます。また、近年子どもたちに不足している、自分のからだを支える「支持感覚」、いろいろな方向へ回る「回転感覚」、足が頭の上にくる体勢で経験する「逆さ感覚」の習得も併せて組み入れ、運動の多様性を引き出しています。具体的なプログラムの例は、家庭でも実践できる親子ふれあい体操や、ボールやフープ、布などを使った運動あそび、サーキットあそびやミニ運動会などです。

また、友だちとのかかわり方、順番を守ること、用具を大切に使ったり、準備や後片付けを手伝ったりすることなど、運動だけではなく、社会性の育成もプログラムに含み、内容を選定しています。

そして、このような運動を親といっしょに行うことで、子どもの精神の安定や運動量の増加を促し、どうしたら楽しく公平に運動できるか、考える力や工夫する力の習得などもふま

えています。親がしっかり子どもと向き合える時間を意識して作るようにしています。
　親には、事前にプリントを配布し（下記参照）、口頭でも説明し、参加者が共通理解した上で、活動できるように促しています。

「ともに子どもたちを育てましょう！」

　お父さんやお母さんとスタッフで、ともに力を合わせ、運動を通して子どもたちの健やかな心と体を育んでいきたいと思っています。

★子どもたちの基礎体力づくり…
- 幼児期には、神経系（バランス感覚やリズム感、調整力など）の機能が著しく発達し、神経回路は成人に近い状態になります。この時期に様々な動きを体験することで、あらゆる運動や動作への可能性を引きだせる感覚を身につけることができます。

★親子のふれあい…
- 楽しい時間をお父さんお母さん、お友だちと共有することで心身共にリラックスし、お互いへの理解が深まります。
- お互いの気持ちやからだを知り、成長や可能性を感じてほしいと考えています。そして、一緒に動くことで「ともに成長する」ことを意識していただきたいと思っています。
- 子どもは親をよく見ていて、いろいろなことを感じとっています。親が楽しくないと、子どもは楽しくありません。クラブの時間は、子どもと集中して遊べる貴重な時間です。ぜひお子さんとしっかり向き合って遊んでください。

★子どもの成長…
- 幼児期の成長は、最も個人差の著しい時期で、興味も表現の仕方も様々です。やらなくても、できなくても大丈夫。スタッフも強制させません。一緒に見守ります。
- 同じくらいの年齢の子どもと遊ぶと、子ども同士で協調する気持ちが生まれ、社会性が育まれます。

★たくさんの目で子どもたちを見つめたい…
- 自分の子どもも他の子も一緒に育てましょう。わが子も他の子も、「みんなわが子」。そんな気持ちで、子どもたちと関ってあげてください。
- 活動中に何か疑問があれば、スタッフにお尋ねください。一緒に考え、解決していきたいと思っています。

　保護者のみなさん、スタッフ…みんなが「ともに」協力し合い、子どもたちがのびのび遊べる楽しいクラブを作りたいと考えています！ご理解とご協力をよろしくお願いします。

指導案

下記は、プログラム（指導案）の一例です。毎回、事前に検討されたプログラムを用いて指導を展開します。

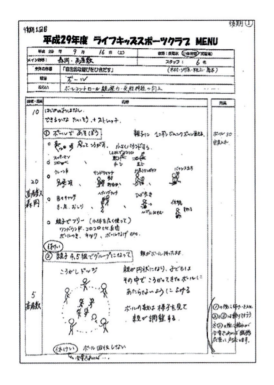
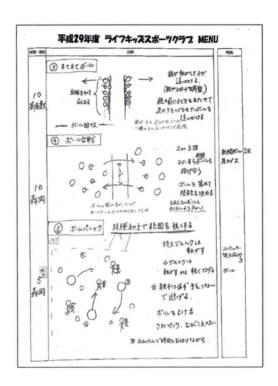

組織的な指導体制

ライフキッズスポーツクラブにおける指導者の人数は、おおむね参加者の1割の人数を毎回確保します。メインの指導者、親子をサポートする指導者、用具の出し入れや環境整備をする指導者など、役割をあらかじめ決め、常に目配り気配りをしながら、その時に必要な動きができるようにしています。組織的な指導を行うことで、より安全で楽しい内容を提供しています。

このような指導体制が、ライフキッズスポーツクラブの特徴の1つであり、安心して参加できるようにプログラムの作成・選定や、当日の人員配置もしています。

運動あそびプログラムの紹介

〈親子ふれあい体操〉

　親子で、体重を貸し借りしながら、またふれあいを大切にしながら遊びます。親は、子どもの成長や心の状態を感じることができます。子どもは、大好きな親と向き合えるとても楽しい時間となります。

●このプログラムで習得できる動き
　「からだのバランスをとる動き」「からだを移動する動き」

●育つ体力・運動能力
　「協応性」「平衡性」「筋力」「瞬発力」

●主な動き
　「押す」「くぐる」「走る」「引く」「這う」

おしあいっこ・ひっぱりっこ

　手のひらと手のひらを合わせて、押し合いっこをしたり、両手をつないで、引っ張りっこをしたりします。

トンネルくぐり

　親が作ったトンネルを、いろんな方向から入ったり、出たりします。また、姿勢を変えて入ったり出たりもします。

ひこうき

　親子で、いろいろな飛行機を作ります。

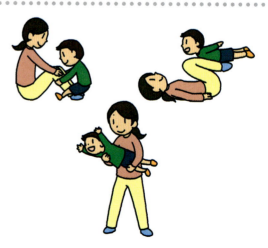

バランス立ち

親のからだの上に立ち、バランスを取ります。慣れてきたら高さや姿勢を変えたり、手を放して、1人でバランスを取ります。年長くらいになると、親が少し動いても、バランスをとっていられるようになります。子どもに合わせて、難易度を変えていきます。

手押し車

手押し車をします。

チェック！手のひらが床につけられていますか？

力が弱く、自分のからだを支えられない場合は、太ももや骨盤のあたりを持つようにします。

おせんべいがえし

ひっくり返されないように、全身に力を入れ、床にはりつきます。

亀の親子

親のうつぶせ寝の上に、子どもがうつぶせ寝をします。指導者の声掛けで、上下、素早く入れ替わります。

くまさん親子のさんぽ

　くまの親子の散歩です。他のくまさんと出会ったら、あいさつや握手をしましょう。体勢に慣れてきたら、指導者と、親子で鬼ごっこをしましょう。

　鬼ごっこの時、素早い方向転換が加わると、手首とからだが連動して動くようになり、効率の良い上肢と下肢の連動した動きや、安全なからだの支え方などを体得していきます。

四肢を使う

　転んだとき、頭部を守る能力が育ちます。また、体幹の力を使うため、からだの軸を安定させます。動きに伴い内臓も刺激されるので、内臓諸機能の発達を促すことにもつながります。

負けたら、ごめんなさい

　負けたらごめんなさいゲームをします。コースの中ほどに指導者がいます。親子で手をつないでスタートし、指導者とじゃんけんをします。勝った場合は、スタッフを通り過ぎて、コーンを周り、自チームに帰って、次の親子と交代します。負けた場合は、スタートラインへ戻り、自チームのメンバーに「ごめんなさい」といって、チーム全員を引き連れ、コーンを回ってスタート位置に帰ります。チームの全員が帰還したら、同じ親子が再スタートし、指導者とじゃんけんをします。

〈ボールあそび〉

　子ども用のボールや体操用のボールとして、様々なボールが販売されています。あそびの内容に合う形状や大きさのボールを使用してください。子どもたちはボールが大好きです。また、児童期以降も触れる機会が多くなります。様々な使い方を工夫して、遊びましょう。

●このプログラムで習得できる動き
　「用具などを操作する動き」
●育つ体力・運動能力
　「巧緻性」「協応性」「平衡性」
●主な動き
　「転がす」「投げる」「蹴る」「打つ」「バランスをとる」

おしりトランポリン
　ボールに座り、お尻を上下に動かして、弾んでみよう。

バランス
　ボールの上で、バランスを取ろう。

ムギュッ！
　いろんなところでボールを挟んで、押しつぶすようにしてみよう。

投げるよ

片手や両手で投げよう。1人で投げたり親子で投げたりしてみよう。近くに投げたり遠くへ投げたりしてみよう。高く投げたり、的を狙って投げたりしてみよう。

ころがすよ

ボールを転がそう。座って転がしたり、立って転がしたり、股の間から転がしたり、後ろ向きに転がしたり、いろいろな方法で、ボールを転がしてみよう。

けるよ

止まっているボールをけってみよう。動いているボールをけることにも挑戦してみよう。障害物をよけながらけり進むこともしてみよう。

バウンドさせるよ

ボールを床に弾ませてみよう。親子でワンバウンドでキャッチボールもしてみよう。毬付きのように弾ませ、自分でキャッチもできるかな？

よけてススメ！

　スタートラインに親子で手をつないで並びます。合図でゴールに向かって手をつないだまま走ります。

　横方向にいるスタッフが、いろいろな大きさのボールを転がすので、そのボールをよけながらゴールに向かいましょう。

　ボールを跳び越えると危険なので、保護者には注意を促しましょう。

野球ごっこ

　子どもは、手のひらでボールを打ちます。

　ボールが飛んだら、ベースに向かって親子で走り、ベースAで待ちます。

　次の親子が、ボールを打ったら、ベースBに向けて走ります。打った親子は、ベースAに向かって走ります。

　次の子どもがボールを打ったら、はじめの親子はホームに向けて、次の親子はベースBに向かって走ります。

　ホームに帰ったら、順番を待ちます。

　ボールを拾ったスタッフに、タッチされたらアウトになります。

〈フープあそび〉

いろいろな色や形状のフープが販売されています。あそびの内容に合う形状や大きさのフープを使用してください。床に置いて遊ぶときは、子どもがフープを踏み、滑って転ぶことがあります。また、硬いので振り回すと危険です。

●このプログラムで習得できる動き
　「からだを移動する動き」「バランスをとる動き」「用具などを操作する動き」

●育つ体力・運動能力
　「巧緻性」「平衡性」「敏捷性」「協応性」

●主な動き
　「走る」「跳ぶ」「つかむ」「転がす」「投げる」「転がす」「くぐる」

電車ごっこ
　親子で、電車になって走ります。

入ったり出たり
　フープの中に入ったり出たりします。両足やけんけんでも行いましょう。また、後ろ跳びにも挑戦してみましょう。

前後左右、いろいろな体の向きで、入ったり出たりしてみましょう。

つんつん歩き

　床にフープを置き、その中に入ります。ちょこちょこすり足で、フープを蹴りながら進みます。

フープ歩き

　フープを立てて、両手でもち、足でフープを踏みます。手と足をうまく連動させて、フープを踏みながら左右方向へ移動します。

メリーゴーラウンド

　Dの状態の子どもの脇の下から手を入れ、子どもの手を握ります。そのままゆっくりと持ち上げ、回転させます。

キャッチ！

　親はフープを子どもの方へ滑らせます。子は、滑ってきたフープを足で止めたり、中に飛んで入ったりします。

くるくるキャッチ

　親は、フープをくるくる回します。子は、回っているフープを、フープが倒れる前につかみます。

車輪レース

　フープ車輪を転がすレースです。

　スタートラインから、親子でフープ車輪を転がして進み、コーンを回って帰ってきたら、フープ車輪を次の走者に渡し、交代します。

フープ車輪の作り方
フープ2本を組み合わせて作ります。 同じ色の養生テープで固定すると、カラフルな車輪ができます。

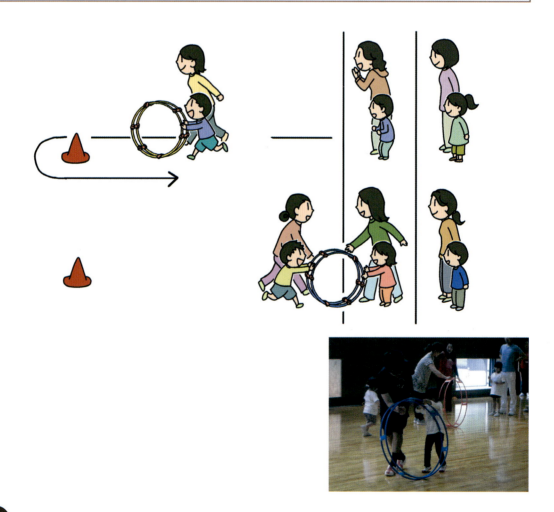

フープサーキット

フープを使ったサーキットあそびです。

①フープ車輪転がし

フープ車輪を転がして、コーンをまわります。

②輪投げ

コーンに向かってフープを投げます

③あんぱんまん

子は、おなかを下にして寝転び、フープをつかみます。親は、フープを引っ張り、コーンを回ります。

④けんぱ

床に置かれたフープをけんけんやジャンプでとびます。

⑤フープまたぎ&くぐり

指導者がゆらゆら揺らし、子は、そのフープをまたいだりくぐったりします。

ゆらゆらフープの作り方
フープをマジックテープで組み合わせます。

第Ⅱ部　親子ふれあい体操プログラム（理論と実践）

〈縄あそび〉

　ホームセンターで、手軽に手に入る用具です。短縄あそびの縄は、おおよそ２mに切って使用します。短縄も長縄も、縄の直径は、１cmくらいを目安にするとよいでしょう。あそびの途中で、縄がからだに当たると痛いです。自分やまわりに気をつけ、十分なスペースを確保して遊ぶよう、注意しましょう。

●このプログラムで習得できる動き
　「からだを移動する動き」「バランスをとる動き」「用具などを操作する動き」
●育つ体力・運動能力
　「巧緻性」「平衡性」「敏捷性」「協応性」「筋力」「筋持久力」
●主な動き
　「走る」「跳ぶ」「つかむ」「引っ張る」「投げる」「くぐる」「またぐ」

いろいろくぐり

　空中でいろいろな形を作り、姿勢を変えてまたいだり、くぐったりします。

ジャンプ

　縄で好きな形を作りましょう。作った形の中に、入ったり出たり、跳んだり、跳び越えたりしましょう。

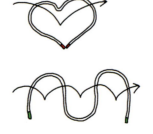 

にょろにょろキャッチ

親は、縄の端を持ち、動かします。子は、動いている反対の端を、手や足でつかまえましょう。

シュッとキャッチ

親は縄を子どもの方へ滑らせます。子は、滑ってきた縄を手や足で止めましょう。

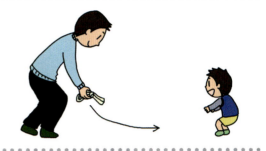

ひっぱりっこ

親子で縄を引っ張りましょう。

転倒防止

縄の両端を結んでおくと、滑り止めになり、後方への転倒防止になりますし、引っ張りやすくなります。

縄渡り

縄を床に置いて、その上を縄に沿って歩いてみよう。縄の形を変えて、楽しもう。

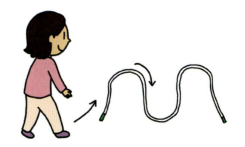

跳んだりまたいだりくぐったり！

　親子3～4組で遊びます。親は、縄をクロスさせたり、高さを変えて段違いにしたりして持ちます。子は、その縄をまたいだりくぐったり、跳んだりしましょう。

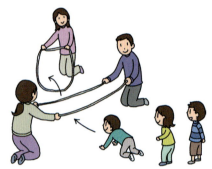

長縄くぐり

　長縄を使います。指導者が、長縄を動かします。親子で跳んだり、くぐり抜けたりしましょう。

長縄の持ち方

　長縄を持つ人は、手に縄を巻き付けないようにしましょう。長縄に当たりそうになったり、引っかかった時などに、すぐに縄を緩めたり離したりして、縄に当たった時の衝撃を緩和したり、危険を回避したりします。

✗　　　　　　　〇

長縄引き

　長縄を輪にして使います。

　①立位で円の中心を向き、縄を持ちます。スタートの合図で、一斉に縄を外方向に引きます。円形での綱引きをします。

引っぱりすべり

　②①と同じように円の中心を向いて、長座で座ります。縄を一斉に引き、縄の内側にからだを滑りこませます。縄が緩んでいると難しいので、縄がピンと張った状態から始めてください。

力あわせと力くらべ

　①は、力をくらべます。②は、タイミングや力を合わせます。子ども同士や、親子で力を比べたり、合わせたりすると、社会性や思いやりの心が育ちます。

〈布あそび〉

ライフキッズスポーツクラブで使用している布は、95 cm × 95 cm の大きさです。ふわふわとした肌触りで、伸縮性にも富み、丈夫です。色も5色以上準備しています。

●このプログラムで習得できる動き
　「用具などを操作する動き」「からだを移動する動き」
●育つ体力・運動能力
　「巧緻性」「協応性」「平衡性」「筋力」「筋力」「瞬発力」
●主な動き
　「跳ぶ」「くぐる」「走る」「投げる」「よける」

くらげ

布を頭からかぶります。くらげになります。また、布を持ちながら、からだを揺らし、波に揺られる昆布のようになります。

トンネルくぐり

親がからだでトンネルを作り、そのトンネルの前に布を設置します。子どもは、布越しに親のトンネルをくぐります。

ころころキャッチ

子どもは上を向いて、仰向けに寝転びます。親は、子どもに見せてから布を投げます。子どもは親が投げた布を、転がりながら、からだでキャッチします。

くしゅくしゅキャッチ

くしゅくしゅと丸めた布で、親子でキャッチボールをします。子どもだけで、1人で投げてキャッチもします。

キャッチボール

布を「流れ星」のような形に変え、親子でキャッチボールをします。投げると、流星のように飛んでいきます。

走ってキャッチ

親子で少し距離をとって立ちます。親が布を上に投げます。子どもは走ってきて、その布をキャッチします。子どもの様子を見て、走る距離を調整します。

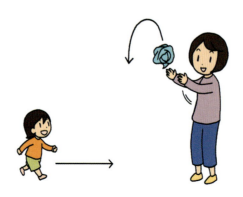

ボールおにごっこ

「流れ星」に当たらないように、よけたり逃げたりします。

あつめて花火

①親子2組でグループを作ります。
②カラーボールを床にばらまきます。
③親は、2人で図のように布を持ちます。子どもは、10秒間で、できるだけ多くのボールを布の上に置きます。
④スタッフの合図「3・2・1どっかーん」で、親は花火のように、布の上のボールを上に投げます。

かくれんぼ

①子どもたちは、親と離れ、図のように小さくなります。

②スタッフは、子どもたちに布をかぶせます。

③親は、子どもの様子がわからないように、待機しています。

④スタッフの合図で、わが子を見つけに行きます。

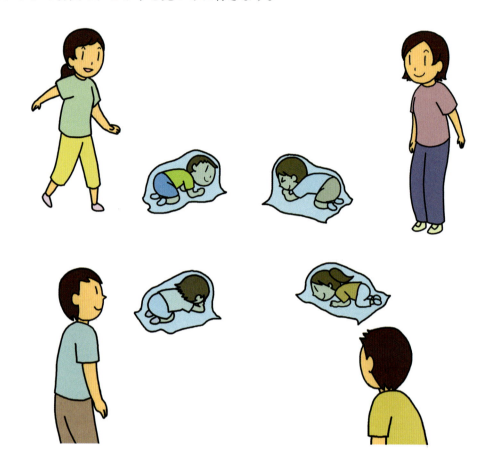

〈タオルあそび〉

　使用するのは、家庭で使用されるフェイスタオルです。使用中は、目や口にふれないように注意してください。使用後は、洗濯し、衛生的に保管しましょう。

●このプログラムで習得できる動き
　「からだを移動する動き」「バランスをとる動き」「用具などを操作する動き」

●育つ体力・運動能力
　「巧緻性」「平衡性」「筋力」「協応性」「投力」

●主な動き
　「投げる」「蹴る」「引っ張る」「転がす」「立つ」「転がる」「手繰り寄せる」

タオルくぐり
　親が、タオルを持ち、下にたらします。その中をいろいろな姿勢でくぐります。

らっこ
　子どもは、うつぶせに寝転びます。その下を親が、タオルを通します。

仰向けに寝て、ラッコさんのようになってもいいよ。

のりまき
　子どもは、タオルの上に寝転んで、親がタオルを巻きつけながら、子どもを転がします。

タオルを外すときはゆっくり外してね。

ひっぱりっこ

親子で、綱引きのように、タオルの引っ張り合いをします。

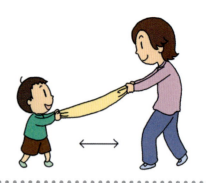

たぐりよせ

タオルの端と端を親子でもちます。よーいどんで、タオルの中心に向かって一手ずつ進みます。素早く進んで、親子で手がぶつかったらゴールです。タオルの端からの長さが、長い方が勝ちです。

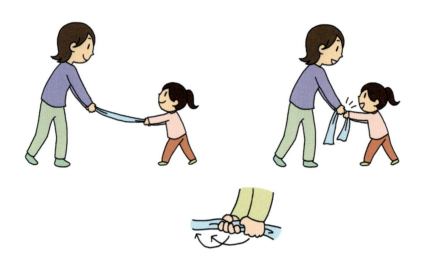

キャッチボール

タオルを結んで、キャンディーのようなボールを作ります。親子でキャッチボールをします。

> 結び方を変えると、難しくなります。

サーフィン

タオルの上に、いろいろな姿勢で乗ります。親は、タオルの端を引きます。

タオルは、ゆっくりと引き出します。できるだけ床に添わせるように引きます。

しっぽとり

子どもの背面で、ズボンにタオルを挟みます。スタートの合図で、子どもは逃げます。ゴール地点まで逃げて、タオルをとられていなければ、子どもの勝ちです。

走った先に壁やガラス窓がある場合は、事前に注意するよう促しましょう

花火

　タオルでボールを作ります。いちにのさん、ドーン！の合図で、全員で真上にタオルボールを投げます。高い花火が打ち上げられるように、何回も打ち上げましょう。

人数が多い場合は、二重円三重円になりましょう

〈新聞紙あそび〉

　新聞紙は、いろいろな形に変えてあそぶことができます。あそんだ後は、インクが手につくので、手洗いを促しましょう。また、あそび方によっては、ほこりが舞うことがあるので、鼻をかんだり、うがいもさせるようにしましょう。

● このプログラムで習得できる動き
　「用具などを操作する動き」「からだを移動する動き」
● 育つ体力・運動能力
　「巧緻性」「協応性」「平衡性」「筋力」
● 主な動き
　「跳ぶ」「くぐる」「走る」「投げる」

まねて新聞紙
　新聞紙の動きをまねして、からだを動かします。

ジャンプ
　親子で手をつないで跳んだり、一人で跳んだりします。

2人でジャンプ

親子で一緒に跳びます。

落とさず走ろう

新聞紙を胸にあて、落とさないように走ります。スタートするときは、親が新聞紙を持ちます。

新聞紙の大きさは、大人は開いたまま、子どもは、二つ折りにしたぐらいがちょうどよいでしょう。

リング

新聞紙で輪とコーンを作ります。輪投げのように遊びます。

棒

　新聞紙で棒を作ります。二つ折りにした状態から、くるくる丸めて作ります。その新聞棒を床に置いて、跳びます。また、親が新聞棒を持って、子どもの前に設置します。子どもはその新聞棒を跳んだり、くぐったりします。

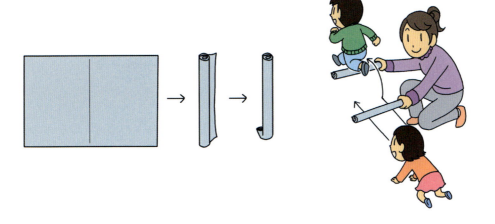

やりなげあそび

　新聞棒を投げます。新聞紙を丸めるとボール状になります。いろんな形を作って投げてみるとおもしろいです。

ビリビリダッシュ

ㇲはスターター役の指導者です。新聞紙を持ち、破ります。㋜は、鬼役の指導者です。図のように並び、スターター役の指導者を集中して見ます。新聞が破れ切った瞬間がスタートになります。矢印の方向に逃げ㋜は親子にタッチしようと追いかけます。一方方向への鬼ごっこです。必ず親子で手をつないで逃げるようにします。㋜を親に変えたり、子どもにしてもよいでしょう。

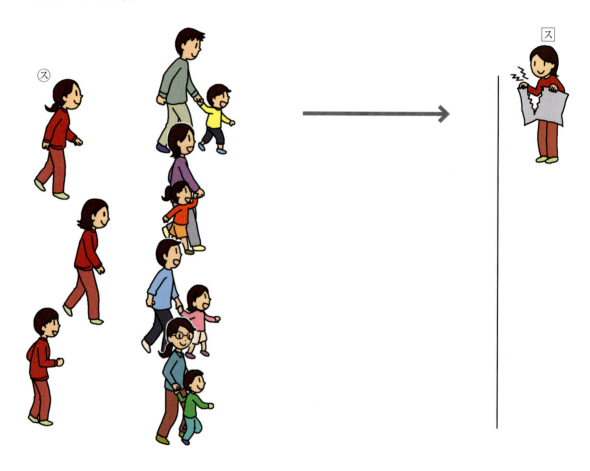

鬼ごっこ

鬼ごっこは、方向転換を伴うすばやい動きや身のこなしが育ちます。子どもにとっては、わくわくドキドキするあそびの1つで、運動量も確保しやすいあそびです。しかし、幼児期の子どもは視野が狭いため、鬼ごっこの空間によっては、衝突が多くなります。このような一方方向への鬼ごっこは、狭い空間での鬼ごっこに向いています。

紙ふぶき

　みんなで新聞紙を細かくちぎるところから始めます。紙吹雪を作ります。会場の中央に集め、一斉にすくい上げ、紙吹雪を舞わせます。親もまわりから、子どもに浴びせかけるように紙吹雪を舞わせます。

後片付け

　後片付けも一緒にしましょう。いろいろな遊具や用具を使うとき、準備や片付けも子どもと一緒に行いましょう。物を大切にする気持ちや、安全な使い方について意識を高めることができます。

〈パラシュートあそび〉

　パラシュートは、カラフルな色遣いのものが多く、子どもたちが好む遊具の1つです。比較的高価な遊具ですが、友だちの顔を見ながらあそんだり、タイミングを合わせてあそんだり、わくわくドキドキできる遊具です。パラシュートを上下させると、中では風が起こり、風圧が高くなりますので、子どもが中に入らないように注意しましょう。子どもは中に入るのが好きです。入ってしまったときは、必ず出してからあそびを行うようにしましょう。

●このプログラムで習得できる動き
　「用具などを操作する動き」
●育つ体力・運動能力
　「巧緻性」「協応性」「平衡性」「協応性」「筋力」
●主な動き
　「振る」「つかむ」「引っ張る」

シェイク＆フリーズ

　パラシュートを持ち、立ちます。指導者が、「シェイクシェイク・・・」と声をかけている間、振ります。「フリーズ」と言ったら、動きを止めます。声の大きさや速さに合わせて、振り方を変えていきます。

コロコロボール

　パラシュートの上にボールをのせます。ボールがパラシュートから落ちないように、パラシュートの上でボールを転がします。慣れてきたら、ボールの数を増やします。2つのボールがくっついたり離れたりする様子を楽しんだり、ボール同士がくっつかないように、パラシュートを動かしたりします。子どもだけでは難しいので、親子一緒に楽しみましょう。

プリン

　みんなでタイミングを合わせて、パラシュートを上下させます。空気を含ませたら、膝でパラシュートの端を押さえ、空気を逃がさないようにします。空気を含んだパラシュートをプリンやハンバーグなど、食べ物や情景などイメージの湧きやすいたとえにするとおもしろいです。例えば、「プリン」とし、「食べるよ！」の合図で、ハイハイでパラシュートの中心へ進ませると（空気が抜けていく）、発展的でよりおもしろいプログラムになります。

気をつけてね！

　スピードを上げてハイハイすると、正面からくる子とぶつかることがあり、危険です。また、ふわっとしたパラシュートに飛び込むと、強度がないため、床でからだを打つことがありますので、事前に注意を促しましょう。

メリーゴーラウンド
　パラシュートの上に子どもが乗ります。パラシュートの中心に座らせるようにします。親は、パラシュートを外方向へ引っ張りながらパラシュートを回転させます。反対に回したり、スピードを変えたりするとおもしろいです。スピードが速くなると、遠心力がつくため、回している親には、注意を促しましょう。

〈サーキットあそび〉

　サーキットあそびは、サーキットトレーニングの理論を参考に、子どもの運動あそび用に考えたものです。4〜7種目の運動あそびを取り入れ、そこを通るだけで「移動する動き」「用具を操作する動き」「運動ができるようにバランスをとる動き」を体験できるようにしました。

サーキットA

レッツアスレチカル —サーキット—

—手作りの遊具や施設の用具を使ってサーキットあそび—

ひもレンジャー

たこ糸と紙コップで作りました。
ひもを1本ひく、カードが1枚ぶら下がってきます。
9枚カードがついていて、中にはそれぞれに親子で変身するヒーロー／ヒロインが描かれています。カードの指示でコマの中を動きます。

用具：・紙コップ 1コ
・牛乳パック（カード用）
・たこ糸 数本

例えば
**うまレンジャー
おかあさんの
おうまに
のりましょう**

ボウリングジェット

500mlペットボトル、2.0ℓペットボトルに画用紙を入れてピンを作りました。カード2枚と2.0ℓボトルででっていきます。ボール2球で6本のピンをたおせるようにがんばります。
たおした後の片づけも、子どもたちがしてから次に進みます。

用具：・500ml（2.0ℓ）ペットボトル 6本
・カード 段ボール数枚はりあわせ
・ボール 1コ

💡 ピンを立てておく場所には、ラインテープで印を付けておくとスムーズですよ！

ヤマーン スタッフ1人

とびばこ（3～4段）と6mマット2枚を用いて作ります。よじのぼって、最後はジャンプ！
親は前で受け止めます。

💡 マットは図のように2重に折り込んで段差をつけ、登り降りしやすいようにしてあげましょう。

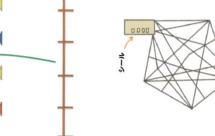
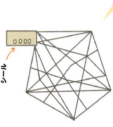

サフトンマン

サフトンとバスタオルで作ったサフトンカー。親がひっぱります。コーナーを回る時に振り落とされないよう、バランスが必要です。

💡 子どもは足先が地面にあたらないように、足を少し上にあげさせます。できない子は正座でもかまいません。

●サフトンカーの作り方

バスタオル
サフトン
返し縫いで
2カ所
ぬいつけ
います
表　　ウラ

スパイダーマン スタッフ2人

机の足を利用。

パンツのゴムを重ねゆくらせて作ったくもの巣。ひっかからないように足元にはシールが置いてあり、くもの巣をわたり終えると1枚もらえます。シールは、親のからだに貼ります。（サーキットを何周回ったかがわかるように）

作り方
①机、イス等で5～6角形をつくる。
②外枠に一周ゴムを張る。
③縦横無尽に重ねゴムを張りめぐらせ、ぐぐっていく。

💡 くもの巣を作っているスタッフは、子どもたちがか慣れてきたら、少し左右に動いてみるとおもしろいですよ。

ぐにゅーマン スタッフ3人

バルーンの下をくぐります。バルーンをスタッフが動かしますので、その高さに応じて体勢を変えてくぐってきます。

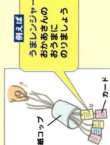

〈運動会〉

室内でできる運動会種目です。レクリエーション的な要素も含めながら、親子で楽しく、チームで協力しながら取り組める内容にしています。

....

トンネルリレー

親子でトンネルを作り、各チーム1列にトンネルを並べます。1走目の親子から、トンネルをくぐり、一番最後のトンネルをくぐったら、その隣にまたトンネルを作ります。アンカーが2回くぐりきったらゴールとします。

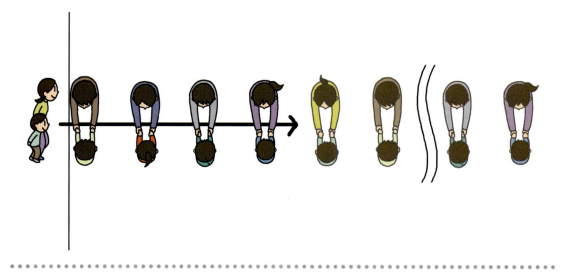

....

どきどき橋渡りレース

親は図のようにうつぶせに寝て、隙間を開けずに並びます。

子は、親たちの背中の上を、ハイハイで進みます。スタートしてからゴールするまでは、ずっとハイハイで進むように声をかけておきます。親の上を走ると危険です。

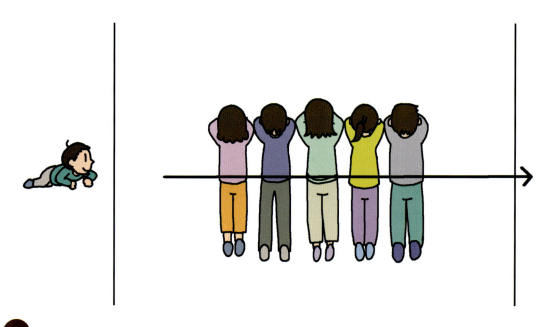

ボール探しレース

　以下の図のように設置した、防球フェンスの足元に、2色のボールを30個ずつ置いておきます。各チーム、スタートラインからスタートして、自チームの色のボールを1つずつ拾い、スタートラインに並べていきます。

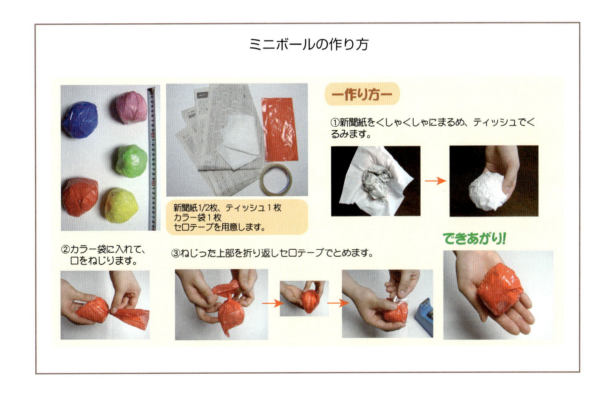

リンゴ・柿レース

　リンゴと柿のように作ったボールを床にばらまきます。

　あらかじめリンゴチームと柿チームに分かれておきます。

　リンゴチームは、自チームにあるリンゴの木に、柿チームは、柿の木にボールを張り付けていきます。リンゴと柿を間違えずに、全部の実が早く実った方が勝ちです。

　親子は必ず手をつないで行いましょう。

リンゴと柿の木

　段ボールに絵をかきます。その上に貼りつく素材の布やマジックテープを貼っておきます。

遊具・用具一覧

運動あそびに使用している遊具や用具の一覧です。購入したものや手作りのものもあります。

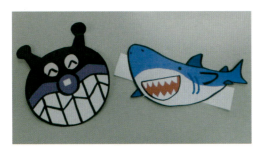

お面

鬼の札

キラキラボール
（新聞紙とカラービニール）

座布団カー
（座布団とバスタオル）

たすき

ジムニックボール

トンネル

フラフープ

ぬいぐるみ

ラダー

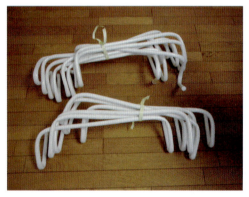
ミニハードル

すずらんのれん
（縄とスズランテープ）

輪投げ用傘
（ビニール傘）

縄

手型・足型

順位付け用札
（うちわで作成）

布

輪投げのゴール
（キッチンペーパー立て）

第Ⅱ部　親子ふれあい体操プログラム（理論と実践）

丸い網のゴール

子ども用ビブス

ジョイントマット
滑り止めマット

バケツ・かご

編集後記

　はじめに、ライフブックの作成にあたり、ご協力・ご意見いただきましたすべての皆様に、心より感謝申し上げます。

　さて、ライフスポーツ財団の事業や活動は、設立当初より、昨今の子どもや親を取り巻く問題点を考慮しながら、事業を企画・展開し、地域社会への貢献を常に念頭においてきました。

　本ブックの編纂を機に、これまでのことを思い起こし、事業や活動が世の中のニーズに対応していたかどうか、子どもや地域、親のための活動であったか等、振り返ることができました。また、これまで実践してきた親子の運動あそびのプログラムについてもまとめることができました。

　今、設立40周年を目前にし、これまで約半世紀にわたり続けてきた事業や活動を、次の半世紀はどのように展開し、発展させていくか試行錯誤しています。また、関係各位の皆様にもご意見・ご教示をいただきながら、「地域」「親子」「ライフ」を大切にし、今後も歩んでまいりたいとも思っております。

　ライフスポーツ財団は、子どもたちが健やかにのびのびと成長できる世の中になるために、微力ながら貢献していく所存でございます。子どもや地域のニーズ、社会情勢の流れをしっかり見極めながら、今後も事業を展開してまいりたいと思います。

編集責任者　藤田　倫子

執筆者紹介

原田健次（仙台大学 客員教授）（幼保連携型認定こども園 持子保育園 園長）（財団評議員）

野村千恵（元専任インストラクター：キッズプロジェクト）
森岡美紀（元専任インストラクター：キッズプロジェクト）
菅亜希子（元専任インストラクター：キッズプロジェクト）
木村由子（元専任インストラクター）
髙屋敷恭子（元専任インストラクター）

公益財団法人ライフスポーツ財団
清水　進（理事長）
細川　磐（名誉顧問）
小西　武（常務理事兼事務局長）
河原慶子（常務理事）
阪上真紀（事務局）
早坂　淳（事務局）
島本　歩（事務局）
藤田倫子（主任研究員）

イラスト（有限会社オンデマンド・ベアーズ／宮坂麻衣）

編集責任者　藤田倫子（主任研究員）

■編者紹介

公益財団法人ライフスポーツ財団

「幼少児の健全な心身の育成に役立ちたい」という想いから、1983年に文部省（現　文部科学省）の認可を受け、「財団法人ライフスポーツ振興財団」として設立。

2012年には、内閣府より公益法人認定を受け、「公益財団法人ライフスポーツ財団」として全国を対象とした活動を開始した。

主な事業としては、地域の団体が実施する親子や子どものスポーツ事業への助成金交付や、子どものスポーツ指導者の養成・育成事業を行っている。

ライフブック
― 子どもたちの笑顔が、私たちの活力源です ―

2019年5月20日　初版第1刷発行
2025年6月30日　初版第2刷発行

■編　　者——公益財団法人ライフスポーツ財団
■発 行 者——佐藤　守
■発 行 所——株式会社 大学教育出版
　　　　　　〒700-0953　岡山市南区西市855-4
　　　　　　電話(086)244-1268㈹　FAX(086)246-0294
■印刷製本——サンコー印刷㈱
■ＤＴＰ——林　雅子

© 2019, Printed in Japan
検印省略　　落丁・乱丁本はお取り替えいたします。
本書のコピー・スキャン・デジタル化等の無断複製は著作権法上での例外を除き禁じられています。本書を代行業者等の第三者に依頼してスキャンやデジタル化することは、たとえ個人や家庭内での利用でも著作権法違反です。

ISBN978-4-86692-029-0